21ST CENTU

GW00724603

£2.

03 AIN'T IT FUNNY JENNIFER LOPEZ

06 ALL THE THINGS SHE SAID T.A.T.U.

10 ANYONE OF US (STUPID MISTAKE) GARETH GATES

16 BEAUTIFUL CHRISTINA AGUILERA

13 BORN TO TRY DELTA GOODREM

18 CAUGHT IN THE MIDDLE A1

20 COLOURBLIND DARIUS

23 FEEL ROBBIE WILLIAMS

30 FOR WHAT IT'S WORTH THE CARDIGANS

26 HERE IT COMES AGAIN MELANIE C

33 I CAN'T BREAK DOWN SINEAD QUINN

36 IF YOU'RE NOT THE ONE DANIEL BEDINGFIELD

39 I'M GONNA GETCHA GOOD! SHANIA TWAIN

42 I'M WITH YOU AVRIL LAVIGNE

48 JUST A LITTLE LIBERTY X

45 JUST LIKE A PILL PINK

50 LIGHT MY FIRE WILL YOUNG

52 LIKE I LOVE YOU JUSTIN TIMBERLAKE

58 THE LONG GOODBYE RONAN KEATING

56 LOVE AT FIRST SIGHT KYLIE MINOGUE

61 MISFIT AMY STUDT

66 PAPA DON'T PREACH KELLY OSBOURNE

69 RISE & FALL CRAIG DAVID FEAT. STING

72 SOMETHIN' STUPID ROBBIE WILLIAMS & NICOLE KIDMAN

74 SOUND OF THE UNDERGROUND GIRLS ALOUD

80 STOLE KELLY ROWLAND

77 STRONGER SUGABABES

84 THE TIDE IS HIGH (GET THE FEELING) ATOMIC KITTEN

87 TONIGHT WESTLIFE

90 U MAKE ME WANNA BLUE

93 WHENEVER, WHEREVER SHAKIRA

96 PLAYING GUIDE

WISE PUBLICATIONS

LONDON / NEW YORK / PARIS / SYDNEY / COPENHAGEN / BERLIN / MADRID / TOKYO

EXCLUSIVE DISTRIBUTORS:
MUSIC SALES LIMITED
8/9 FRITH STREET, LONDON W1D 3JB,
ENGLAND.
MUSIC SALES PTY LIMITED
120 ROTHSCHILD AVENUE, ROSEBERY,
NSW 2018, AUSTRALIA.

ORDER NO. AM977537
ISBN 1-84449-093-9
THIS BOOK © COPYRIGHT 2003
BY WISE PUBLICATIONS.

COMPILED BY NICK CRISPIN.
MUSIC ARRANGED BY JAMES DEAN.
MUSIC PROCESSED BY ANDREW SHIELS.

COVER DESIGN BY FRESH LEMON.
PRINTED IN THE UNITED KINGDOM BY
CALIGRAVING LIMITED, THETFORD, NORFOLK.

YOUR GUARANTEE OF QUALITY:
AS PUBLISHERS, WE STRIVE TO PRODUCE EVERY
BOOK TO THE HIGHEST COMMERCIAL STANDARDS.
THE MUSIC HAS BEEN FRESHLY ENGRAVED AND
THE BOOK HAS BEEN CAREFULLY DESIGNED
TO MINIMISE AWKWARD PAGE TURNS AND TO
MAKE PLAYING FROM IT A REAL PLEASURE.
PARTICULAR CARE HAS BEEN GIVEN TO
SPECIFYING ACID-FREE, NEUTRAL-SIZED
PAPER MADE FROM PULPS WHICH HAVE
NOT BEEN ELEMENTAL CHLORINE BLEACHED.
THIS PULP IS FROM FARMED SUSTAINABLE
FORESTS AND WAS PRODUCED WITH
SPECIAL REGARD FOR THE ENVIRONMENT.
THROUGHOUT, THE PRINTING AND BINDING HAVE
BEEN PLANNED TO ENSURE A STURDY,
ATTRACTIVE PUBLICATION WHICH
SHOULD GIVE YEARS OF ENJOYMENT.
IF YOUR COPY FAILS TO MEET OUR HIGH STANDARDS,
PLEASE INFORM US AND WE WILL GLADLY REPLACE IT.

WWW.MUSICSALES.COM

AIN'T IT FUNNY

WORDS & MUSIC BY JENNIFER LOPEZ & CORY ROONEY

B7   C   D   Em   Am   G

Capo third fret

Intro

| B7 | | C | | D   C | | B7 | | B7 | ||

| Em | | Am | | Em | | B7 | ||

Verse 1

Em   C   D   G
It seemed to be like the perfect thing for you and me,
Em   Am   D   G
It's so ironic you're what I had pictured you to be.
Em   Am   D
But there are facts in our lives
          G
We can never change,
Em   C   B7
Just tell me that you understand and feel the same.
Em   C   D   G
This perfect romance that I've created in my mind,
Em   C
I'd live a thousand lives,
      D   G
Each one with you right by my side.
Em   C   D   G
But yet we find ourselves in a less than perfect circumstance,
Em   C   B7
And so it seems like we'll never have the chance.

Chorus 1

        Em   Am
Ain't it funny how some feelings you just can't deny,
      B7   Em
And you can't move on even though you try.
      Em   Am
Ain't it strange when you're feeling things you shouldn't feel,
      B7
Oh, I wish this could be real.

3

cont.

               Em   **Am**
Ain't it funny how a moment could just change your life,

      B7   **Em**
And you don't want to face what's wrong or right.

       Em   **Am**
Ain't it strange how fate can play a part,

      B7
In the story of your heart.

Verse 2

Em   **C**   **D**   **G**
Sometimes I think that a true love can never be,

Em   **C**   **D**   **G**
I just believe that somehow it wasn't meant for me.

Em   **C**   **D**   **G**
Life can be cruel in a way that I can't explain,

Em   **C**   **B7**
And I don't think that I could face it all again.

Em   **C**   **D**   **G**
I barely know you but somehow I know what you're about,

Em   **C**   **D**
A deeper love I've found in you,

      G
And I no longer doubt.

Em   **C**   **D**   **G**
You've touched my heart and it altered every plan I've made,

Em   **C**   **B7**
And now I feel that I don't have to be afraid.

Chorus 2

           Em   **Am**
Ain't it funny how some feelings you just can't deny,

      B7   **Em**
And you can't move on even though you try.

       Em   **Am**
Ain't it strange when you're feeling things you shouldn't feel,

      B7
Oh, I wish this could be real.

            Em   **Am**
Ain't it funny how a moment could just change your life,

      B7   **Em**
And you don't want to face what's wrong or right.

       Em   **Am**
Ain't it strange how fate can play a part,

      B7
In the story of your heart.

Middle

Am⁷   Em⁷

   I locked away my heart,

               B⁷

But you just set it free,

Emotions I felt

Em   Am

Held me back from what my life should be.

                   Em

I pushed you far away,

                     B⁷

And yet you stayed with me,

I guess this means,

That you and me were meant to be.

Interlude | B⁷ | C | D   C | B⁷ | B⁷   ‖

Chorus 3

               Em   Am

‖: Ain't it funny how some feelings you just can't deny,

          B⁷   Em

And you can't move on even though you try.

              Em   Am

Ain't it strange when you're feeling things you shouldn't feel,

          B⁷

Oh, I wish this could be real.

             Em   Am

Ain't it funny how a moment could just change your life,

          B⁷   Em

And you don't want to face what's wrong or right.

             Em   Am

Ain't it strange how fate can play a part,

        B⁷

In the story of your heart. :‖

Repeat Chorus to ad lib. to fade

5

ALL THE THINGS SHE SAID

WORDS & MUSIC BY SERGEI GALOYAN, TREVOR HORN, MARTIN KIERSZENBAUM, ELENA KIPER & VALERIJ POLIENKO

C   Bm   Em   G   D

Capo first fret

Intro
‖: C | Bm | Em | G :‖ N.C. |

Chorus 1

C
All the things she said,

    Bm
All the things she said,

        Em
Running through my head,

Running through my head,

G
Running through my head.

C
All the things she said,

    Bm
All the things she said,

        Em
Running through my head,

Running through my head,

G
All the things she said.

C   **Bm Em**   **G**
This is not enough.

Interlude
| C | Bm | Em | G | |

Verse 1

    Em
I'm in serious shit,

I feel totally lost.

    D
If I'm asking for help,

<table>
<tr><td>cont.</td><td>

It's only because,

G
Being with you has opened my eyes,

    B
Could I ever believe such a perfect surprise?

    Em
I keep asking myself,

Wondering how.

    D
I keep closing my eyes,

But I can't block you out.

  G
Wanna fly to a place,

Where it's just you and me.

Bm
Nobody else, so we can be free,

(Nobody else, so we can be free).

</td></tr>
</table>

Chorus 2   As Chorus 1

       C   **Bm** **Em**   **G**
This is not enough (all the things she said),

(All the things she said).

Instrumental ‖: **Em** | **Em** | **D** | **D** | **G** | **G** | **Bm** | **Bm** :‖

            C
Verse 2   And I'm all mixed up,

      Bm
Feeling cornered and rushed.

      Em
They say it's my fault,

D
But I want her so much.

       C
Wanna fly her away,

         Bm
Where the sun and the rain,

         Em
Come in over my face,

        D
Wash away all the shame.

       C
When they stop and stare,

      Bm
 Don't worry me,

        Em
'Cause I'm feeling for her,

        D
What she's feeling for me.

    C
I can try to pretend,

    Bm
I can try to forget,

       Em
But it's driving me mad,

Going out of my (head).

Chorus 3   As Chorus 1

C   Bm Em   G
This is not enough (all the things she said),

(All the things she said).
C   Bm
  All the things she said, all the things she said.
Em   G
All the things she said, all the things she said.
               C
All the things she said, all the things she said.
Bm   Em
  She said,   all the things she said.
G
All the things she said.

Middle

(C)   (Bm)
Mother looking at me

(Em)   (G)
Tell me what do you see?

(C)   (Bm)   (Em)
Yes I lost my mind.

(C)   (Bm)
Daddy looking at me,

(Em) (G)
Will I ever be free,

(C)   (Bm)   (Em)
Have I crossed the line?

Chorus 4

C
All the things she said,

      Bm
All the things she said,

                        Em
Running through my head,

Running through my head,

G
Running through my head.

C
All the things she said,

      Bm
All the things she said,

                        Em
Running through my head,

Running through my head,

G
All the things she said.

C   Bm Em   G
This is not enough.

C   Bm Em   G
This is not enough.

N.C.
All the things she said, all the things she said,

All the things she said, all the things she said,

All the things she said.

ANYONE OF US (STUPID MISTAKE)

WORDS & MUSIC BY JÖRGEN ELOFSSON, PER MAGNUSSON & DAVID KREUGER

B♭   Gm   E♭   D   F   Am   Am7/G   C/E

G   C   C/B   Dsus4   D/C♯   Bm   Bm7   A

Capo first fret

Intro

| B♭ | Gm | E♭ | D | |

Verse 1

```
    Gm           F         E♭      F
    I've been letting you down, down,
    Gm       F          E♭       F
    Girl I know I've been such a fool.
    Gm       F          E♭  B♭
    Giving in to temp - ta - tion,
     Gm                          F
    I should have played it cool.
    Am       Am7/G   F     C/E
     The situation got out of hand,
     F              G
    I hope you understand.
```

Chorus 1

```
                   C
    It can happen to any one of us,
             C/B
    Anyone you think of.
    Am
    Anyone can fall,
             Am7/G     F
    Anyone can hurt someone they love,
    G                       C               G
    Hearts will break, 'cause I made a stupid mistake.
                   C
    It can happen to any one of us,
                 C/B
    Say you will forgive me.
```

Am
Anyone can fail,

               Am7/G
Say you will believe me,

F   G
I can't take, my heart will break,

         C   G
'Cause I made a stupid mistake,

              C
A stupid mistake.

Verse 2

Gm   F   Eb F
  She was kind of ex - cit - ing,

Gm   F   Eb   F
  A little crazy, I should have known.

Gm   F   Eb   Bb
  She must have altered my sen - ses,

            Gm   F
'Cause I offered to walk her home.

Am   Am7/G   F   C/E
  The situation got out of hand,

 F   G
I hope you understand.

Chorus 2

                C
It can happen to any one of us,

          C/B
Anyone you think of.

Am
Anyone can fall,

            Am7/G   F
Anyone can hurt someone they love,

G   C   G
Hearts will break, 'cause I made a stupid mistake.

                C
It can happen to any one of us,

          C/B
Say you will forgive me.

Am
Anyone can fail,

            Am7/G
Say you will believe me,

F   G
I can't take, my heart will break,

         C   G
'Cause I made a stupid mistake,

cont.

B♭
A stupid mistake.

F
A stupid mistake.

Middle

E♭
She means nothing to me, nothing to me,

Dsus4   **D**
Swear every word is true,

| **Gm**   **F** | **E♭**   **F** |
Don't wanna lose you.

Am   **Am7/G**   **F**   **C/E**
  The situation got out of hand

F   **G**
I hope you understand.

Chorus 3

                    D
It can happen to any one of us,

         D/C♯
Anyone you think of.

Bm
Anyone can fall,

         Bm7   **G**
Anyone can hurt someone they love,

A   **D**   **A**
Hearts will break, 'cause I made a stupid mistake.

                  D
It can happen to anyone of us,

         D/C♯
Say you will forgive me.

Bm
Anyone can fail,

         Bm7
Say you will believe me,

G   **A**
I can't take, my heart will break,

      D   **A** | **D** | **D**   **D/C♯** |
'Cause I made a stupid mistake.

Bm
Anyone can fall,

         Bm7   **G**
Anyone can hurt someone they love,

       A
Oh, their hearts will break.

      D   **A**
'Cause I made a stupid mistake,

         D
A stupid mistake.

BORN TO TRY

WORDS & MUSIC BY DELTA GOODREM & AUDIUS MTAWARIRA

G   D/F#   Em   Am   Am7/G

Capo first fret

Intro | G |

Verse 1

G   D/F#   Em
  Doing everything that I believe in,
G   D/F#   Em
  Going by the rules that I've been taught.
G   D/F#   Em
  More understanding of what's around me,
G   D/F#   Em
  And protected from the walls of love.
Am   Am7/G   D/F#
  All that   you see is me,
Am   Am7/G   D/F#
  And all I truly   believe.

Chorus 1

               G
That I was born to try,
D/F#   Em
  I've learned to love.

        G
Be understanding,
D/F#   Em
  And believe in life.

              Am
But you've got to make choices,
Am7/G   D/F#
  Be wrong or right,
            Am   Am7/G   D/F#
Sometimes you've got to sacrifice the things you like.
           G
But I was born to try.

Verse 2

G   D/F♯   Em
No point in talking what should   have been,

G   D/F♯   Em
In regretting the things that went on.

G   D/F♯   Em
Life's full of mistakes, destinies and fate,

G   D/F♯   Em
Remove the clouds look at the bigger picture now.

Am   Am7/G   D/F♯
And all that   you see is me,

Am   Am7/G   D/F♯
And all I truly   believe.

Chorus 2

                G
That I was born to try,

D/F♯   Em
I've learned to love.

         G
Be understanding,

D/F♯   Em
And believe in life.

                 Am
But you've got to make choices,

Am7/G   D/F♯
Be wrong or right,

            Am   Am7/G   D/F♯
Sometimes you've got to sacrifice the things you like.

          G
But I was born to try.

Middle

‖: Am   Am7/G   D/F♯
   All that   you see is me,

Am   Am7/G   D/F♯
And all I truly   believe. :‖

Chorus 3

                G
That I was born to try,

D/F♯   Em
I've learned to love.

         G
Be understanding,

D/F♯   Em
And believe in life.

                 Am
But you've got to make choices,

    Am⁷/G   **D/F♯**
    Be wrong or right,

                Am   **Am⁷/G**   **D/F♯**
Sometimes you've got to sacrifice the things you like.

            (G)
But I was born to try.

‖: **G**   **D/F♯** | **Em**   :‖

              Am
But you've got to make choices,

Am⁷/G   **D/F♯**
   Be wrong or right.

                Am   **Am⁷/G**   **D/F♯**
Sometimes you've got to sacrifice the things you like.

N.C.   **(G)**
But I was born to try.

BEAUTIFUL

WORDS & MUSIC BY LINDA PERRY

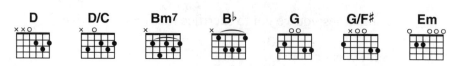

D   D/C   Bm7   B♭   G   G/F#   Em

Capo first fret

Intro   ‖: D | D/C | Bm7 | B♭ :‖

Verse 1

D   D/C
   Every day is so wonderful,
   Bm7   B♭
And suddenly, it's hard to breathe.
D   D/C
   Now and then, I get insecure,
   Bm7   B♭
From all the pain, I'm so ashamed.

Chorus 1

G   G/F# Em
  I am beautiful no   matter what they say,
D   D/C   Bm7
Words can't bring me down.
G   G/F# Em
  I am beautiful in   every single way,
   D   D/C   Bm7
Yes, words can't bring me down, oh no,
Em   D | D/C | Bm7 | B♭ |
  So don't you bring me down today.

Verse 2

D   D/C
  To all your friends, you're delirious,
   Bm7   B♭
So consumed in all your doom.
D   D/C
  Trying hard to fill the emptiness,
   Bm7   B♭
The pieces gone, left the puzzle undone,

Is that the way it is?

Chorus 2

G   G/F♯ Em
   You are beautiful no   matter what they say,

D   D/C   Bm7
Words can't bring you down, oh no.

G   G/F♯ Em
   You are beautiful in   every single way,

     D   D/C   Bm7
Yes, words can't bring you down, oh no,

Em   D
   So don't you bring me down today.

Middle

                       D/C
No matter what we do,

                 Bm7
No matter what we say,

                        B♭
We're the song inside the tune,

Full of beautiful mistakes.

D   D/C
   And everywhere we go,

                   Bm7
The sun will always shine,

                  B♭
But tomorrow we might awake,

On the other side.

Chorus 3

G   G/F♯ Em
   'Cause we are beautiful no   matter what they say,

     D   D/C   Bm7
Yes, words won't bring us down, oh no.

G   G/F♯ Em
   We are beautiful in   every single way,

     D   D/C   Bm7
Yes, words can't bring us down, oh no,

Em
   So, don't you bring me down

   D | D/C | Bm7 |
Today.

B♭
   Don't you bring me down

D | D/C | Bm7 |
   Today,

B♭   D
   Don't you bring me down today.

CAUGHT IN THE MIDDLE

WORDS & MUSIC BY BEN ADAMS, PAUL MARAZZI, CHRIS PORTER & RICK MITRA

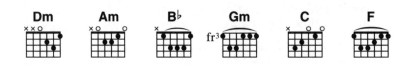

Dm   Am   B♭   Gm fr³   C   F

Intro ‖: Dm | Dm | Am | Am :‖

Verse 1
Dm   Am
You said that love was just a state of mind,
                                 B♭
A puzzle made of pieces you can't find,

But for me you never really had the time and,
Gm   C
I was blind, oh.

Verse 2
Dm   Am
And everything that you meant to me,
                           B♭
Is written in the pages of my history,
                                   Gm   C
But it's over now as far as I can see,   suddenly.

Chorus 1
F   C
Things are so different now you're gone,
                         Am
I thought it'd be easy I was wrong,
              B♭
(And now I'm caught),

And now I'm caught in the middle.
F   C
Even though I'm with someone new,
               Am
All I can think about is you,
              B♭
(And now I'm caught),

And now I'm caught in the middle.

Verse 3

  Dm   **Am**
  Moving on she brings me brighter days,

               B♭
But thoughts of you are in my mind always,

Like a memory, that I can't erase,

Gm   **C**
  It's here to stay, oh.

Chorus 2   As Chorus 1

  Gm   **C**
Middle   So different, so easy.

  Gm   **C**
  But I can't get over you.

  Gm   **C**
  So different, so easy.

  Gm   **C**
  But I can't get over you, no babe.

Chorus 3   As Chorus 1

Chorus 4   As Chorus 1

  F   **C**
Chorus 5   Things are so different now you're gone,

           Am
I thought it'd be easy I was wrong,

B♭
  And now I'm caught in the middle.

  F   **C**
  Even though I'm with someone new,

         Am
All I can think about is you,

B♭
  And now I'm caught in the middle.

  ⌢
  ‖**F**   ‖

COLOURBLIND

WORDS & MUSIC BY DARIUS, PETE GLENISTER & DENNY LEW

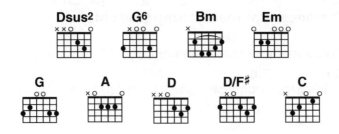

Intro   𝄆 Dsus² | G6 | Dsus² | G6 𝄇

Verse 1

        Dsus²
Feeling blue,

          G6   **Dsus²**
When I'm trying to forget the feeling that I,

         G6
Miss you

        Dsus²
Feeling green,

          G6   **Dsus²**
When the jealousy swells and it won't go away,

     G6
In dreams.

       Bm
Feeling yellow,

           Em
I'm confused inside,

           Bm
A little hazy, but mellow,

             G   **A**
When I feel your eyes on me.

     D
Feeling fine, sublime,

          G   **A**   **D**   **D/F#** | **G**   **A** |
When that smile of yours creeps into my mind.

Chorus 1

D   D/F♯ G   A
Nobody told me it feels so good,

D   D/F♯   G   A
Nobody said you would be so beautiful.

D   D/F♯ G   A
Nobody warned me   about your smile,

       Bm   D/F♯   Em
You're the light, you're the light when I close my eyes,

     C   D   D/F♯ | G C | D D/F♯ | G |
I'm colour - blind.

Verse 2

      Dsus2
Feeling red,

     G6   Dsus2
When you spend all your time with your friends and not me,

  G6
Instead.

      Dsus2
Feeling black,

     G6   Dsus2
When I think about all of the things that I feel,

  G6
I lack.

      Bm   Em
Feeling jaded when it's not gone right,

           Bm
All the colours have faded,

         G   A
And I feel your eyes on me.

       D
Feeling fine, sublime,

       G   A   D   D/F♯ | G   A |
When that smile of yours creeps into my mind.

Chorus 2

D   D/F♯ G   A
Nobody told me it feels so good,

D   D/F♯   G   A
Nobody said you would be so beautiful.

D   D/F♯ G   A
Nobody warned me   about your smile,

       Bm   D/F♯   Em
You're the light, you're the light when I close my eyes,

     C   D   D/F♯ | G C | D D/F♯ | G
I'm colour - blind,   you make me colourblind.

Middle

```
Bm
Blinded by the light you shine,
        Em
The colours fade completely.
Bm
Blinded by you every time,
  Em                A
I feel your smile defeat me.
        D
I'm colourblind,
D/F♯    G           C       N.C.
   I just can't deny this feeling.
```

Chorus 3

```
D           D/F♯ G      A
Nobody told me it feels so good,
D           D/F♯      G    A
Nobody said you would be so beautiful.
D             D/F♯ G       A
Nobody warned me   about your smile,
        Bm            D/F♯              Em
You're the light, you're the light when I close my eyes,
        C
I'm colour(blind . . .)
```

Chorus 4

```
D           D/F♯ G      A
Nobody told me it feels so good,
D           D/F♯        G   A
Nobody said you would be so beautiful.
D             D/F♯ G        A
Nobody warned me   about your smile,
```

Outro

```
              D                           D/F♯      G     C
‖: You're the light, you're the light when I close my eyes,
              D                         D/F♯     G    C
You're the light, you're the light when I close my eyes.  :‖
```

Repeat to fade

FEEL

WORDS & MUSIC BY ROBBIE WILLIAMS & GUY CHAMBERS

Dm   Am/D   F/D   G/D   Am/C   A/C#   A7   Gm

Gm7/F   A/E   B♭   F   C   Am   G

Intro ‖: Dm Am/D | F/D   G/D :‖

Verse 1

         Dm
Come and hold my hand,
Am/C   **A/C#**
  I wanna contact the living.
A7   **Gm**
  Not sure I under - stand,
Dm/F   **A/E**
  This role I've been given.
A7   **Dm**
  I sit and talk to God,
Am/C   **A/C#**
  And he just laughs at my plans.
A7   **Gm**
  My head speaks a language,
Dm/F   **A/E**
  I don't under - stand.

Chorus 1

  A7   **B♭**   **F**
  I just wanna feel real love,
             C   **|C** |
Feel the home that I live in.
             B♭
'Cause I got too much life,
             F
Running through my veins,
      C
Going to waste.

Verse 2

                        Dm
        I don't wanna die,

        Am/C   **A/C♯**
          But I ain't keen on living either.

        A⁷   **Gm**
          Before I fall in love,

        Dm/F   **A/E**
          I'm preparing to leave   her.

        A⁷   **Dm**
          I scare myself to death,

        Am/C   **A/C♯**
          That's why I keep on running.

        A⁷   **Gm**
          Before I've arrived,

        Dm/F   **A/E**
          I can see myself coming.

Chorus 2

        A⁷   **B♭**   **F**
          I just wanna feel real love,

                              C   │ **C**   │
        Feel the home that I live in.

                                  B♭
        'Cause I got too much life,

                                F
        Running through my veins,

                    C   │ **C**   │
        Going to waste.

                    B♭   **F**
        And I need to feel real love,

                      C │ **C**   │
        And a life ever after,

                      (Dm)
        I cannot give it up.

Instrumental   ‖: Dm Am/D │ F/D   G/D │ Dm Am/D │ F/D   G/D :‖ *Play 4 times*

Chorus 3

           B♭   **F**
I just wanna feel real love,

                  C | **C** |
Feel the home that I live in.

           B♭
I got too much love,

                    F
Running through my veins,

        C | **C** |
To go to waste.

Chorus 4

           B♭   **F**
I just wanna feel real love,

        C | **C** |
In a life ever after.

                B♭
There's a hole in my soul,

                  F
You can see it in my face,

        C | **C** |
It's a real big place.

Interlude   ‖: **Dm Am/D** | **F/D** **G/D** :‖

Outro

               Dm   **Am**
Come and hold my hand.

F   **G** **Dm** **Am**
  I wanna contact the living,

F   **G**   **Dm** **Am**
  Not sure I under - stand,

F   **G** **Dm**   **Am**
  This role I've been given.

F   **G**   **Dm** **Am**
  Not sure I under - stand,

F   **G**   **Dm** **Am**
  Not sure I under - stand,

F   **G**   **Dm** **Am**
  Not sure I under - stand,

F   **G**   **Dm Am/E** | **F**   **G** | **Dm**   ‖
  Not sure I under - stand.

HERE IT COMES AGAIN

WORDS & MUSIC BY MARIUS DE VRIES, MELANIE CHISHOLM & ROBERT HOWARD

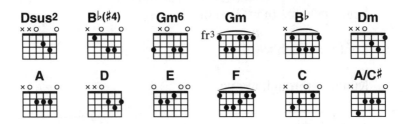

Intro

| Dsus² | Dsus² | B♭(♯4) | Gm⁶ ‖

Verse 1

Dsus²
Hey don't you worry,

B♭(♯4)
Everything's al - right you know,

Gm⁶
We're gonna be just fine.

Dsus²
If the rain crashes down over you,

B♭(♯4) | **Gm⁶** |
I will love you dry._____

Dsus²
There is nobody in this world

B♭(♯4)
Could ever take me a - way from you,

Gm⁶
I am always by your side.

Dsus²
If you need someone to guide you dear,

B♭(♯4) | **Gm⁶** |
I'd like to try.

Bridge 1

  Gm   **B♭**

Don't give up on something,

              Dsus2 **Dm** | **Dsus2** **Dm** |

You've never had be - fore.

Gm   **B♭**

  I promise you this,

                  A

You're the one I adore.

Chorus 1

               D | **D** |

Here it comes a - gain,

       B♭

Filling my soul,

             Gm

Never want to let go.

          D | **D**

Here it comes again,

                B♭

Be at one with your love,

           Gm

As below so above.

            Dsus2

Here it comes again.

Verse 2

My love is flowing,

         B♭(♯4)

Freer than a waterfall,

     Gm6

Be - yond the edge of time.

Dsus2

  Surrender to the emotion,

        B♭(♯4)

Now we can fly,

       Gm6

We can fly.

Bridge 2

Gm   B♭
And you know there's a reason,

          Dsus2 Dm   Dsus2 Dm
That we are   who we are._____

Gm   B♭
I cannot re - sist,

                 A
You're the one I adore.

Chorus 2

                  D | D |
Here it comes a - gain,

        B♭
Filling my soul,

               Gm
Never want to let go.

           D | D |
Here it comes again,

               B♭
Be at one with your love,

           Gm
As below so above,

             E
Here it comes again.

Middle

                                     F
Just like there's always gonna be a place,

For you and me, a ship that we can sail on.
E
    Just like if one and one were three,

     F
And everything was free at the end of some rainbow.
A   B♭
    Just like a needle and a gun a circle in the sun,

                     A
A knock upon a hidden door,

    B♭   C
It is you I a - dore.

Chorus 3

       A/C♯   **D** | **D** |
Here it comes again,_____

      B♭
Filling my soul,

          Gm
Never want to let go.

         D | **D** |
Here it comes again,_____

          B♭
Be at one with your love,

        Gm
As below so a - bove.

          D | **D** |
Feel it coming a - gain.

      B♭
Filling my soul,

         Gm
Never want to let go.

        D | **D** |
Here it comes again,_____

          B♭
Be at one with your love,

        Gm
As below so a - bove.

   D
Yeah, yeah.

FOR WHAT IT'S WORTH

WORDS & MUSIC BY PETER SVENSSON & NINA PERSSON

Am   F   Dm7   G   C

Intro
| Am | Am | Am |

| Am |
One, two, three, four.

‖: F | Dm7 | Am | Am   :‖

Verse 1

G
   Hey baby come 'round,
Dm7
   Keep holding me down,
           F   **C** | **C**
And I'll be keeping you up tonight.
G   **Dm7**
   A four letter word got stuck in my head,
                           F
The dirtiest word that I've ever said,
                C | **C**
It's making me feel alright.

Chorus 1

F   **Dm7**   **Am** | **Am**
   For what it's worth, I love you,
F   **Dm7**   **Am** | **Am**
   And what is worse, I really do.
F   **Dm7**
   For what it's worth,
         C   **G**   **F**
I'm gonna run, run, run 'til the sweetness gets to you,
         Dm7   **Am** | **Am**
And what is worse, I love you.

Verse 2

G
Hey please baby come back,
        Dm7
There'll be   no more lovin' attacks,
           F   C | C |
And I'll be   keeping it cool tonight.
G   Dm7
   The four letter word is out of my head,
                        F
Come on around, get back in my bed,
                C | C |
Keep making me feel alright.

Chorus 2

F   Dm7   Am | Am |
   For what it's worth, I like you,
F   Dm7   Am | Am |
   And what is worse, I really do.
F   Dm7
   Things have been worse,
           C   G   F
And we had fun, fun, fun 'til I said I love you,
           Dm7   Am | Am |
And what is worse, I really do.

Middle

F   Dm7   Am | Am |
   For what it's worth, I love you,
F   Dm7   Am
   And what is worse, I really do.

Interlude   ‖: G | G | Dm7 | Dm7 | F | F | C | C   :‖
          Oh

Chorus 3

F   Dm7   Am | Am |
   For what it's worth, I love you,
F   Dm7   Am | Am |
   And what is worse, I really do, oh.
F   Dm7   Am | Am |
   For what it's worth, I love you,
F   Dm7   Am | Am |
   And what is worse, I really do.

Outro
                F
Oh, oh, oh, oh, oh, oh, oh.

Dm7   **Am**
  Oh, oh, oh, oh, oh, oh, oh.

             F
Oh, oh, oh, oh, oh, oh, oh.

Dm7   **Am**
  Oh, oh, oh, oh, oh, oh, oh.

           F   **Dm7**
Oh, oh, oh, oh, oh, oh, oh.

| **C** | **G** | **F** | **Dm7** | |

| **Am** | |

I CAN'T BREAKDOWN

WORDS & MUSIC BY PETE GLENISTER, SINEAD QUINN & DENI LEW

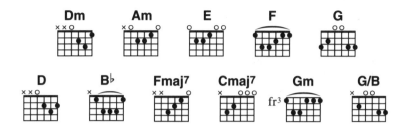

Intro ‖: Dm | Am | E | F :‖

Verse 1

       Dm   **Am**
Now I know I can handle this,

            E   **F**
I'll close my mouth and clench my fist.

       Dm   **Am**
I've lived this day in a thousand ways,

           G   **D**
But there's a flaw to add to my list.

       Dm   **Am**
Go on squeeze a little more,

            E   **F**
'Cause if you scream I'll just ignore you.

       Dm   **Am**
I've rehearsed this scene in a million dreams,

           G   **D**
You're getting closer to my core.

       Dm
And I'm so damn frustrated,

       B♭
Losing breath and now I'm shaking,

      G
Gotta keep myself from breaking down,

        E
Someone get me out.

Chorus 1

Fmaj⁷   **Cmaj⁷**
Tear don't you fall,

Fmaj⁷   **Cmaj⁷**
Eyes don't you cry,

       Am   **Gm**
Need to get me 'round this corner,

     Dm **Am** **G**   **F** | **F** |
I can't break down, break down.

Fmaj⁷   **Cmaj⁷**
Pride don't cave in,

Fmaj⁷   **Cmaj⁷**
Head don't let go,

       Am   **Gm**
Well I'm hoping that you can't read me,

     Dm **Am** **G**   **F**
I can't break down, break down,

    F
Break down, break down.

Verse 2

       Dm   **Am**
Blocked it out for long enough,

       E   **F**
Got really good at playing rough now.

   Dm   **Am**
I've been prepared, and not really cared,

      G   **D**
But being brave is getting tough.

Dm
Chin will start to quiver,

B♭
Hands now don't you shiver.

    G
Gotta keep myself from breaking down.

       E
Someone get me out,

Someone let me out.

Chorus 2

Fmaj⁷   **Cmaj⁷**
Tear don't you fall,

Fmaj⁷   **Cmaj⁷**
Eyes don't you cry,

       Am   **Gm**
Need to get me 'round this corner,

     Dm **Am** **G**   **F** | **F** |
I can't break down, break down.

cont.

Fmaj⁷   **Cmaj⁷**
Pride don't cave in,

Fmaj⁷   **Cmaj⁷**
Head don't let go,

          Am   **Gm**
Well I'm hoping that you can't read me,

       Dm **Am** **G**   **F**
I can't break down, break down.

          G   **Am**
Middle   You smile like the cat who's got the cream,

      G/B   **C**
I'm vulnerable, and I know you see me.

Dm
There's so much I wanna say,

        B♭
But this lump in my throat makes me walk away.

  Fmaj⁷ **Cmaj⁷** **Fmaj⁷**   **Cmaj⁷**
Away,   away.

  Fmaj⁷ **Cmaj⁷** **Fmaj⁷**   **Cmaj⁷**
Away,   away.

Fmaj⁷   **Cmaj⁷**
Tear don't you fall,

Fmaj⁷   **Cmaj⁷**
Eyes don't you cry.

Fmaj⁷   **Cmaj⁷**
Pride don't cave in,

Fmaj⁷   **Cmaj⁷**
Head don't let go.

Fmaj⁷   **Cmaj⁷**
Chorus 3   Tear don't you fall,

Fmaj⁷   **Cmaj⁷**
Eyes don't you cry,

        Am   **Gm**
Need to get me 'round this corner,

       Dm **Am** **G**   **F**
I can't break down, break down.

F   **Cmaj⁷**
Pride don't cave in,

F   **Cmaj⁷**
Head don't let go,

          Am   **Gm**
Well I'm hoping that you can't read me,

       Dm **Am** **G**   **F**
I can't break down, break down,

      F   **Fmaj⁷**
Can't break down, break down.

IF YOU'RE NOT THE ONE

WORDS & MUSIC BY DANIEL BEDINGFIELD

Asus2   Dsus2   E   Dmaj9   A   D   Bm7   F♯m

Capo first fret

Verse 1

   Asus2
If you're not the one,

               Dsus2
Then why does my soul feel glad today?

   Asus2
If you're not the one,

               Dsus2
Then why does my hand fit yours this way?

   Asus2
If you are not mine,

               Dsus2
Then why does your heart return my call?

   Asus2
If you are not mine,

               Dsus2
Would I have the strength to stand at all?

E   Dsus2
 I never know what the future brings,

     E   Dsus2   Dmaj9
But I know you're here with me now.

          A
We'll make it through,

                  D
And I hope you are the one I share my life with.

Chorus 1

   A
 I don't wanna run away,

   Bm7   D   A
But I can't take it, I don't understand.

   Bm7
If I'm not made for you,

   D   F♯m
Then why does my heart tell me that I am?

    E   Bm7   Dsus2
Is there any way that I could stay in your arms?

Verse 2

Asus²
If I don't need you,

          Dsus²
Then why am I crying on my bed?

     Asus²
If I don't need you,

               Dsus²
Then why does your name resound in my head?

     Asus²
If you're not for me,

               Dsus²
Then why does this distance maim my life?

      Asus²
If you're not for me,

          Dsus²
Then why do I dream of you as my wife?

E   Dsus²
    I don't know why you're so far away,

      E   Dsus²   Dmaj⁹
But I know that this much is true,

              A
We'll make it through,

                          D
And I hope you are the one I share my life with.

A   Dsus²
    And I wish that you could be the one I die with.

A   Dsus²
    And I pray that you're the one I build my home with.

E   Dsus²   A
    I hope I love you all my life.

Chorus 2

A
    I don't wanna run away,

    Bm⁷   D   A
But I can't take it, I don't understand.

        Bm⁷
If I'm not made for you,

        D   F♯m
Then why does my heart tell me that I am?

        E   Bm⁷   Dsus²
Is there any way that I could stay in your arms?

Middle

     F♯m   **E**
'Cause I miss you, body and soul so strong,

          Dsus2
That it takes my breath away.

     F♯m
And I breathe you,

               E   **Dsus2**
Into my heart and pray for strength to stand today.

     F♯m
'Cause I love you,

             E
Whether it's wrong or right,

         A   **D**
And though I can't be with you tonight,

         E   **A**
You know my heart is by your side.

Chorus 3

   A
  I don't wanna run away,

 Bm7   **D**   **A**
But I can't take it, I don't understand.

   Bm7
If I'm not made for you,

   D   **F♯m**
Then why does my heart tell me that I am?

   E   **Bm7**   **Dsus2**
Is there any way that I could stay in your arms?

| Dsus2 | Dsus2 | ‖

I'M GONNA GETCHA GOOD!

WORDS & MUSIC BY SHANIA TWAIN & R J LANGE

Am   G   C   F   Dm   Am⁷

Capo 1st fret

Intro
| Am | C G | Am | C G |

Verse 1

         Am   N.C.   C   G
Don't want ya for the weekend,

         Am   N.C.   Am   G
Don't want ya for a night.

     N.C.   C   G   Am   G
I'm only interested if I can have you for life,   yeah.

  Am   C   G
I know I sound serious,

       Am   C   G
And baby I am

          Am
You're a fine piece of real estate,

     C   G   Am
And I'm gonna get me some land.

C   G
    Oh, yeah.

Bridge 1

  G   F
    So, don't try to run honey,

  G   F
    Love can be fun.

  C   Dm
    There's no need to be alone,

        F
When you find that someone.

Chorus 1

  C   G
    I'm gonna getcha while I gotcha in sight,

Am   F
    I'm gonna getcha if it takes all night,

  C   G
    You can betcha by the time I say go,

F
You'll never say no.

  C   G
   I'm gonna getcha, it's a matter of fact

Am   F
   I'm gonna getcha, don't ya worry 'bout that

C   G
   You can bet your bottom dollar

           F
In time you're gonna be mine.

          G   Am |C   G |
Just like I should, I'll getcha good,   yeah.

| Am |C   G |

Verse 2

Am   C   G
I've already planned it,

       Am   C   G
Here's how it's gonna be,

      Am
I'm gonna love you,

           C   G   Am
And you're gonna fall in love with me.

           C   G
Yeah, yeah.

Bridge 2   As Bridge 1

Chorus 2

C   G
   I'm gonna getcha while I gotcha in sight,

Am   F
   I'm gonna getcha if it takes all night,

C   G
   You can betcha by the time I say go,

       F
You'll never say no.

C   G
   I'm gonna getcha, it's a matter of fact

Am   F
   I'm gonna getcha, don't ya worry 'bout that

C   G
   You can bet your bottom dollar

           F
In time you're gonna be mine.

          G   Am |C   G |Am |C   G |
Just like I should, I'll getcha good.

Middle

Am
Yeah, I'm gonna getcha baby,

I'm gonna knock on wood.

I'm gonna getcha somehow honey yeah,

I'm gonna make it good.

Yeah, yeah, yeah, yeah.

Oh, yeah.

Bridge 3   As Bridge 1

Chorus 3
C   **G**
   I'm gonna getcha while I gotcha in sight,
Am   **F**
   I'm gonna getcha if it takes all night,
C   **G**
   You can betcha by the time I say go,
         F
You'll never say no.
C   **G**
   I'm gonna getcha, it's a matter of fact
Am   **F**
   I'm gonna getcha, don't ya worry 'bout that
C   **G**
   You can bet your bottom dollar
             F
In time you're gonna be mine.

Outro
                        C
Oh, I'm gonna getcha,
G   **Am**   **F**
   I'm gonna getcha real good.
                    C
Yeah, you can betcha,
G   **F**
   Oh, I'm gonna getcha.
             G   **Am**
Just like I should, I'll getcha good,

Oh, I'm gonna getcha good.

| **Am**   **Am⁷**   **Am**   ‖

I'M WITH YOU

WORDS & MUSIC BY AVRIL LAVIGNE, LAUREN CHRISTY, SCOTT SPOCK & GRAHAM EDWARDS

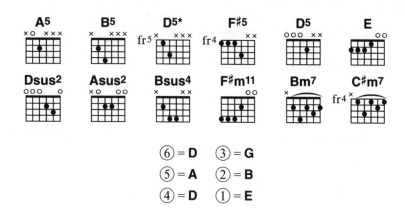

Intro   ‖: A5 B5 │ D5* │ A5 B5 │ D5* :‖

Verse 1

      F#5
I'm standing on the bridge,

   D5
I'm waiting in the dark,

  F#5   **D5**
I thought that you'd be here by now.

      F#5
There's nothing but the rain,

  D5
No footsteps on the ground,

  F#5   **D5**
I'm listening but there's no sound.

E   **Dsus2**
  Isn't anyone trying to find me,

E   **Dsus2**
  Won't somebody come take me home?

Chorus 1

      Asus2 Bsus4 Dsus2
It's a damn cold   night,

                  Asus2 Bsus4 Dsus2
Trying to figure out   this   life.

        Asus2   **Bsus4**
Won't you   take me by the hand,

      Dsus2
Take me somewhere new.

     F♯m11   **E**
I don't know who you are,

    Dsus2   **F♯5** | **D5** |
But I, I'm with you.

         F♯5 | **D5** |
I'm with you.

Verse 2

     F♯5
I'm looking for a place,

     D5
I'm searching for a face,

    F♯5   **D5**
Is anybody here I know?

       F♯5
'Cause nothing's going right,

     D5
And everything's a mess,

     F♯5   **D5**
And no-one likes to be alone.

 E   **Dsus2**
Isn't anyone trying to find me,

 E   **Dsus2**
Won't somebody come take me home?

Chorus 2   As Chorus 1

Middle

 E   **Bm7**
Why is everything so con - fusing,

 E   **Bm7**
Maybe I'm just out of my mind,

    E   **Dsus2**   **C♯m7** | **E** |
Yeah, yeah, yeah, yeah, yeah yeah, yeah, yeah, yeah, yeah.

Chorus 3

      A⁵   **B⁵**   **D⁵***
It's a damn cold night,

              A⁵ B⁵ D⁵*
Trying to figure out this life.

       A⁵   **B⁵**
Won't you   take me by the hand,

    D⁵*
Take me somewhere new.

    F♯m¹¹   **E**
I don't know who you are,

   Dsus² | **Asus²**   **Bsus⁴** |
But I, I'm with you._____

Dsus²   **Asus² Bsus⁴** | **Dsus²** |
 I'm with you._____

Asus²   **Bsus⁴**
 Take my by the hand,

     Dsus²
Take me somewhere new.

    F♯m¹¹   **E**
I don't know who you are,

   Dsus² | **Asus²**   **Bsus⁴** |
But I, I'm with you._____

Dsus²   **Asus² Bsus⁴** | **Dsus²** |
 I'm with you._____

Asus²   **Bsus⁴**
 Take my by the hand,

     Dsus⁴
Take me somewhere new.

    F♯m¹¹   **E**
I don't know who you are,

   Dsus²   **F♯5**
But I, I'm with you.

D⁵   **F♯5**
 I'm with you.

D⁵   **A⁵**
 I'm with you.

JUST LIKE A PILL

WORDS & MUSIC BY DALLAS AUSTIN & ALECIA MOORE

A   F#m   D   E

Intro | A | F#m | D | E |

Verse 1

A   F#m   D
  I'm lying here   on the floor where you left me,
E
I think I took too much.
A   F#m   D
  I'm crying here, what have you done?
E
I thought it would be fun.

Bridge 1

D   E
  I can't stay on your life support,
                   D
There's a shortage in the switch.
              E
I can't stay on your morphine,
           D
'Cause it's making me itch.
              E
I said I tried to call the nurse again,
           D
But she's being a little bitch.
          E
I'll think I'll get out of here,

Chorus 1

           A   **F♯m**
Where I can run just as fast as I can,

              D
To the middle of no - where,

             E
To the middle of my frustrated fears,

      A   **F♯m**
And I swear, you're just like a pill,

               D
Instead of making me better,

             E
You keep making me ill,

          A | **F♯m** | **D** | **E** |
You keep making me ill.

Verse 2

A   **F♯m**   **D**
  I haven't moved from the spot where you left me,

E
  It must be a bad trip.

A   **F♯m**   **D**
  All of the other pills they were different,

E
Maybe I should get some help.

Bridge 2   As Bridge 1

          A   **F♯m**
Where I can run just as fast as I can,

                D
To the middle of no - where,

                E
To the middle of my frustrated fears.

      A   **F♯m**
And I swear, you're just like a pill,

                D
Instead of making me better,

              E
You keep making me ill,

You keep making me,
A   **F♯m**
Run just as fast as I can,

                D
To the middle of no - where,

                E
To the middle of my frustrated fears.

      A   **F♯m**
And I swear, you're just like a pill,

                D
Instead of making me better,

              E
You keep making me ill,

              (D)
You keep making me ill.

Bridge 3   As Bridge 1

Chorus 3   As Chorus 2

            Repeat Chorus to fade

JUST A LITTLE

WORDS & MUSIC BY MICHELLE ESCOFFERY, GEORGE HAMMOND HAGAN & JOHN HAMMOND HAGAN

Gm   Fm   A♭

Intro | Gm | Gm | Gm | Gm |

Verse 1

Gm
Sexy, everything about you's so sexy,

Fm
You don't even know what you got,

Gm
You're really hitting my spot, oh yeah.

And you're so innocent,

Please don't take this wrong 'cause it's a compliment,

Fm
I just wanna get with your flow,

Gm
You gotta learn to let go,

Oh baby won't you,

Chorus 1

Gm
Work it a little, get hot just a little,

Meet me in the middle, let go,

Fm
Just a little bit more,

Gm
Give me just a little bit more.

(Just a little bit more, just a little.)

Verse 2

Gm
Let me, I'll do anything if you'll just let me,

                     Fm
Find a way to make you ex - plore,

                                Gm
I know you wanna break down those   walls, yeah, yeah.

And it's so challenging, getting close to you's what I'm imagining,

                      Fm
I just wanna see you get   down,

                  Gm
You gotta let it all out,

Oh baby won't you just,

Chorus 2   As Chorus 1

Chorus 3   As Chorus 1

Middle

A♭   Gm
It's so exciting, the way you're in - viting me.

(I like it when you do it like that ah,)
A♭   Gm   Fm
Can't get enough, won't you satis - fy my needs,

Chorus 4   As Chorus 1

Chorus 5   As Chorus 1

Chorus 6   As Chorus 1

Outro

Gm
Sexy, everything about you's so sexy

                 Fm
You don't even know…

To fade

LIGHT MY FIRE

WORDS & MUSIC BY JIM MORRISON, ROBBIE KRIEGER, RAY MANZAREK & JOHN DENSMORE

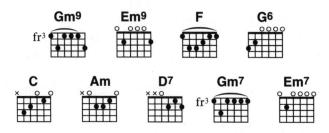

Capo first fret

Intro

| Gm9 | Em9 | Gm9 | Em9 | |

| F G6 | C Am | F G6 | D7 | |

Verse 1

    Gm7   **Em7**
You know that it would be untrue,

    Gm7   **Em7**
You know that I would be a liar,

Gm7   **Em7**
If I was to say to you girl,

Gm7   **Em7**
  We couldn't get much higher.

Chorus 1

F   **G6**   **C**   **Am**
Come on baby light my fire,

F   **G6**   **C**   **Am**
Come on baby light my fire,

F   **G6**   **D7**
Try to set the night on   fire.

Verse 2

    Gm7   **Em7**
The time to hesitate is through,

      Gm7   **Em7**
There's no time to wallow in the mire.

   Gm7   **Em7**
If I was to say to you,

       Gm7   **Em7**
That our love becomes a funeral pyre.

Chorus 2   As Chorus 1

Instrumental ‖: Gm7 | Em7 | Gm7 | Em7   :‖

| F   G6 | C   Am |
Light my fire.

| F   G6 | C   Am |
Light my fire yeah, yeah.

| F   G6 | D7 | D7 |

| Gm7   Em7
Verse 3   The time to hesitate is through,

Gm7   Em7
There's no time to wallow in the mire.

Gm7   Em7
Try now we can only lose,

            Gm7   Em7
And our love becomes a funeral pyre.

Chorus 3   As Chorus 1

            F   G6   C   Am
Outro ‖: Come on baby light my fire,

F   G6   C   Am
Come on baby light my fire.   :‖

Repeat with ad. lib vocal to fade

LIKE I LOVE YOU

WORDS & MUSIC BY PHARRELL WILLIAMS, CHARLES HUGO,
GENE THORNTON, TERENCE THORNTON & JUSTIN TIMBERLAKE

Bm   B5   C5   A5   G   F#m   C#m7♭5   F#

fr7   fr7   fr8   fr5   fr3   fr2   fr4   fr2

Intro

Bm
Just something about you,

The way I'm looking at you, whatever
          B5 C5 A5
Keep looking at me.
Bm
You getting scared now,

Right?
                B5   **C5 A5**
Don't fear me baby, it's just Justin.
Bm
Feel good right?
     B5 C5 A5
Listen.

Verse 1

Bm
I kind of noticed something weren't right,
        B5 C5 A5
In your colourful face.
Bm
It's kind of weird to me,

Since you're so fine,
            B5 C5 A5
If it's up to me your face will change.

	Bm
Bridge 1	If you smile then that should set the tone,
	B5 C5 A5
	Just be limber.
	Bm
	And if you let go, the music should groove your bones.
	B5 C5 A5
	Just remember,

	Bm
Chorus 1	Sing this song with me,
	Ain't nobody love you like I love you,
	B5 C5 A5 Bm
	You're a good girl and that's what makes me trust you.
	Late at night, I talk to you,
	B5 C5 A5
	You will know the difference when I touch you.

	Bm
Verse 3	People are so phony,
	Nosey 'cause they're lonely,
	Aren't you sick of the same thing?
	They say so and so was dating,
	Love you or they're hating,
	When it doesn't matter anyway,
	B5 C5 A5
	'Cause we're here to - night.

Bridge 2   As Bridge 1

Bridge 3   As Chorus 1

Middle

Bm
    You know I can make you happy,

I could change your life.

    B5   C5 A5 Bm
If you give me   that   chance,

To be your man,

I won't let you down baby.

    B5   C5 A5 Bm
If you give me   that   chance,

To be your man,

Here baby, put on my jacket.

And then,

G   F#m   Bm   G   F#m | Bm
  May - be we'll fly the night a - way,

       G   F#m   Bm   C#m7♭5
Girl,   may - be we'll fly the night a - way,

F#
Girl.

Bm
Ma, what ya wanna do?

I'm in front of you,

Grab a friend see I can have fun with two.

Or me and you put on a stage show,

              B5   C5   A5
And the mall kids that's how to change low.

Bm
From them you heard them say, "wow, it's the same glow",

Look at me I say, "Yeah, it's the same dough".

We the same type, you my air of life,

                      B5   C5 A5
You'd have sleeping in the same bed any night.

Bm
Go rock with me you deserve the best,

Take a few shots,

cont. Let it burn in your chest.

We could ride down,

Pumping N.E.R.D. in the deck,

                                  B5   **C5** **A5**
Funny how a few words turn into sex.

Bm
Play this free, joint called "brain",

Ma, take a hint,

Make me swerve in the lane,

The name Malicious,

And I burn every track,

Clipse and J. Timberlake.

Now how heavy is that?

G   **F♯m**   **Bm**   **G** **F♯m** │ **Bm**
  May - be we'll fly the night a - way,

      G   **F♯m**   **Bm**   **C♯m7♭5**
Girl,   may - be we'll fly the night a - way,

F♯
Girl.

Chorus 3 As Chorus 1

             N.C.
Outro You know,
I used to dream about this when I was a little boy.
I never thought it would end up this way. Drums.
It's kind of special right? Yeah.
You know, you think about it,
Sometimes people just destined.
Destined to do what they do,
And that's what it is,
Now everybody dance.

LOVE AT FIRST SIGHT

WORDS & MUSIC BY KYLIE MINOGUE, RICHARD STANNARD, JULIAN GALLAGHER, ASH HOWES & MARTIN HARRINGTON

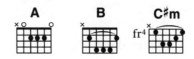

A   B   C#m

Capo second fret

Intro | A | A | A | A |: A | B   C#m :| *x4*

Verse 1

```
A                    B     C#m
Thought that I was going crazy,
A           B        C#m
Just having one those days yeah.
A           B        C#m
Didn't know what to do,
A             B        C#m
Then there was you.____
```

Bridge 1

```
     A                  B        C#m
And everything went from wrong to right,
          A                B      C#m
And the stars came out and filled up the sky,
      A                    B        C#m
The music you were playing really blew my mind,
       A    B   C#m
It was love, at first sight.
```

Chorus 1

```
       A       B  C#m
'Cause baby when   I heard you,
A         B     C#m
For the first   time I knew,
A           B   C#m A  | B   C#m        |
We were meant   to be as one._____
```

Interlude 1 | A | B   C#m | B   C#m | B   C#m |

Verse 2

   A   B   C#m
Was tired of running out of luck,

   A   B   C#m
Thinking 'bout giving up yeah,

   A   B   C#m
Didn't know what to do

   A   B C#m
Then there was you.

Bridge 2   As Bridge 1

Chorus 2   As Chorus 1

Chorus 3   As Chorus 1

                                 x4

Interlude 2 ‖: A | B   C#m   :‖

Middle

       A   B   C#m
And everything went from wrong to right,

        A   B   C#m
And the stars came out and filled up the sky.

       A   B   C#m
The music you were playing really blew my mind,

         A   B   C#m
It was love at first sight.

        A   B   C#m
Love at first sight,

        A   B   C#m
Love at first sight,

        A B C#m   A
Love,   oh it was love,

                B   C#m
It was love at first sight.

Chorus 4   As Chorus 1

Chorus 5   As Chorus 1

            A
Outro   ‖: It was love, it was love,

        B   C#m
It was love, it was love. :‖

Repeat to fade

THE LONG GOODBYE

WORDS & MUSIC BY PAUL BRADY & RONAN KEATING

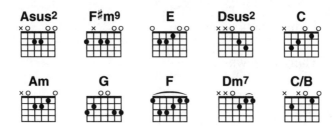

Capo first fret

Intro |: **Asus²** | **F♯m9** | **E** | **Dsus²** :|

Verse 1

Asus²
   I know they say

       F♯m9
If you love somebody you should set them free, (so they say)

E   **Dsus²**
   But it sure is hard to do,

          E
Yeah it sure is hard to do.

Asus²
   I know they say

       F♯m9
If they don't come back again that it's meant to be, (so they say)

E   **Dsus²**
   These words ain't pulling me through,

'Cause I'm still in love with you.

Bridge 1

C   **Am**   **G**
   I spend each day here waiting for a miracle,

F   **Dm7**   **C**
But it's just you and me going through the mill,

         C/B
Climbing up a hill.

Chorus 1

Asus²
  This is the long goodbye,

F♯m⁹
  Somebody tell me why,

E
  Two lovers in love can't make it,

Dsus²   E   Asus²
  Just what kind of love keeps breaking our hearts?

  No matter how hard I try,

F♯m⁹
  You're gonna make me cry,

E
  Come on baby it's over let's face it,

Dsus²   E   (Asus²)
  All that's happening here is a long goodbye.

| Asus² | F♯m⁹ | E | Dsus² | |

Verse 2

Asus²
  Sometimes I ask my heart

        F♯m⁹
Did we really give our love a chance? (Just one more chance)

E   Dsus²
  And I know without a doubt,

               E   Asus²
That we turned it inside out,

                    F♯m⁹
And if we walked away it would make more sense, (only self defence)

E   Dsus²
  But it tears me up inside,

  Just to think we still could try.

Bridge 2

C   Am   G
  How long must we keep riding on this carousel?

F   Dm⁷   C
  Going round and round and never getting anywhere,

             C/B
On a wing and prayer.

Chorus 2   As Chorus 1

Chorus 3   As Chorus 1

Outro

         F♯m9
(This is the long),

       E
The long goodbye,

  Dsus2 E   **Asus2**
Woah,   the long goodbye.

       F♯m9
(This is the long)

      E
This is the long goodbye,

         Dsus2   **E**
Someone please tell me why.

| **Asus2** | **F♯m9** | **E** | **Dsus2 E** |

Asus2
  Are you ever coming back again?

Are you ever coming back again?

Are you ever coming back again?

Guess I'm never coming back again.

MISFIT

WORDS & MUSIC BY AMY STUDT, KAREN POOLE & DAVID ERIKSEN

D — A/C# — Bm — G — C — A — Em — Gm

Capo second fret

Intro

| D A/C# | Bm G | D A/C# | Bm C | C |

| D G | A G |

Verse 1

D   G
  So you think you've got it all worked out,
       A
You got your hotpants on,
       G
You got your arse right out, you.
D   G
  Think that you are something new and special,
    A N.C.
And me and my drab dress, we won't do at all.
D   G
  I spent so long tryin' to fit the prototype,
     A
Kept a slippin' in the heels,
    G
And I never got it right, oh.
D
  What's the use?
Em
  What's the point?
G   A
  You've got the wrong girl, oh!

Bridge 1

G
   So you keep doing what,

You're doing down there,

Gm
   'Cause I'll be flying higher.

G
   Waste your own time, I don't care,

G   **A**
Anything you can do, I can do better.

Chorus 1

D   **A**   **Bm**
All you girls, you look and flip your hair,

         G
And wonder why I'm still here,

     D   **A**
Well,   you're superficial, I'm a misfit,

Bm   **C**
   But, baby, that's O.   K.

D   **A**   **Bm**
All you girls, when you look into the mirror,

        G
Tell me how do you appear?

    Bm   **A**
Well,   you're superficial I'm a misfit,

G   **A**
   You're superficial I'm a misfit,

N.C.   **D** **G** | **A** **G** |
But that's O.K.

Verse 2

```
   D                        G
    So you got your little groups and gangs,
              A
    You got your V.I.P.,
                    G
    Your member - only things.
   D                           G
      Your happy - clappys and your V.C. crew.
               A
    And if you get in their way, they got ten on you.
   D                    G
      Well I don't wanna be in that game,
              A                G
    Don't wanna follow the leader,   no way!
   D
      What's the use?
   Em
      What's the point?
   G                       A
      You've got the wrong girl, oh.
```

Bridge 2   As Bridge 1

Chorus 2

```
   D      A       Bm
   All you girls, you look and flip your hair,
                  G
   And wonder why I'm still here,
         D                       A
   Well,   you're superficial, I'm a misfit,
   Bm                   C
      But, baby, that's O. K.
   D      A              Bm
   All you girls, when you look into the mirror,
              G
   Tell me how do you appear?
        Bm                      A
   Well,   you're superficial I'm a misfit,
   G                       A
      You're superficial I'm a misfit,
   B♭                      A
      You're superficial I'm a misfit.
```

Middle

Em   G
  So what we don't look the same?

Bm   A
  So what we don't,   so what we don't.

Em   G
  So what I don't play your game?

A
So what I don't, so what I don't.

N.C.
So what if I don't?

Chorus 3

D   A   Bm
All you girls, you look and flip your hair,

         G
And wonder why I'm still here,

      D   A
Well,   you're superficial, I'm a misfit,

Bm   C
  But, baby, that's O. K.

D   A   Bm
All you girls, when you look into the mirror,

        G
Tell me how do you appear?

     Bm   A
Well, you're superficial I'm a misfit,

G   A
  You're superficial I'm a misfit.

Chorus 4

    D   **A**   **Bm**
All you girls, you look and flip your hair,

          G
And wonder why I'm still here,

     D   **A**
Well,   you're superficial, I'm a misfit,

Bm   **C**
   But, baby, that's O. K.

D   **A**   **Bm**
All you girls, when you look into the mirror,

         G
Tell me how do you appear?

     Bm   **A**
Well,   you're superficial I'm a misfit,

G   **A**
   You're superficial I'm a misfit,

B♭   **A**
You're superficial I'm a misfit,

        D
But that's O. K.

PAPA DON'T PREACH

WORDS & MUSIC BY BRIAN ELLIOT

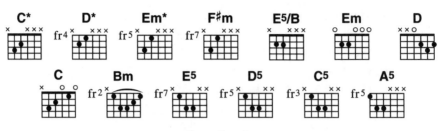

Capo first fret

Intro ‖: C* D* Em* F♯m | Em* D* C* E5/B :‖

| Em | Em | D | D | C | C | Bm | Bm ‖

Verse 1

Em
Papa I know you're going to be upset,

D
  'Cause I was always your little girl.

C
  But you should know by now,

Bm
I'm not a baby.

Em
  You always taught me right from wrong,

D
  I need your help Daddy, please be strong.

C
  I may be young at heart,

    Bm
But I know what I'm saying.

Bridge 1

C   D
The one you warned me all about,

C   D
The one you said I could do without,

C   D
We're in an awful mess,

        Em   C D
And I don't mean maybe,   please,

Chorus 1

E^5 D^5 C^5
Papa don't preach,

D^5
I'm in trouble deep,

E^5 D^5 C^5
Papa don't preach,

D^5
I've been losing sleep.

A^5 D^5
But I made up my mind,

      E^5 D^5 C^5 D^5
I'm keeping my baby,   oh, oh,

           E^5 D^5 C^5 D^5
I'm gonna keep my baby, oh.

Verse 2

Em
He says that he's going to marry me,

D
And we can raise a little family.

C
Maybe we'll be alright,

    Bm
It's a sacrifice.

Bridge 2

C   D
But my friends keep telling me to give it up,

C   D
Saying I'm too young, I ought to live it up,

C   D
What I need right now,

        Em   C D
Is some good advice,   please,

| *Chorus 2* | As Chorus 1 |

Guitar Solo ❘ Em ❘ Em ❘ D ❘ D ❘ C ❘ C ❘ Bm ❘ Bm ‖

Bridge 3

C   D
Daddy, Daddy, if you could only see,
C   D
Just how good he's been treating me,
C   D
You'd give us your blessing right now,
       Em   C Bm
'Cause we are in love, we are in love,

So please,

Chorus 3 As Chorus 1

Interlude ‖: E5 D5 C5 ❘ D5 :‖

Outro

E5 D5 C5   D5
       Don't stop loving me Daddy,
E5 D5 C5   D5
    I know I'm keeping my baby.
E5 D5 C5   D5
    Don't stop loving me Daddy,
E5 D5 C5   D5   E5
    I know I'm keeping my baby.

RISE & FALL

WORDS & MUSIC BY CRAIG DAVID, STING & DOMINIC MILLER

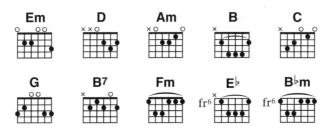

Capo second fret

Chorus 1

        Em   D   Am
Sometimes in life you feel the fight is over,

B   **Em**   **D**   **Am**
   And it seems as though the writing's on the wall.

B   **Em**   **D**
Superstar you finally made it,

             Am
But once your picture becomes tainted,

     B   **Em**   **D**
It's what they call,

        Am   **B**
The rise and fall.

Chorus 2   As Chorus 1

Verse 1

   Em   **D**   **Am**
  I always said that I was gonna make   it,

                 B
Now it's plain for everyone to see.

Em   **D**   **Am**
  But this game I'm in don't take no prisoners,

          B
Just casualties.

Em   **D**   **Am**
  I know that everything is gonna change,

             B
Even the friends I knew before may go,

cont.

    Em   D   Am   B
But this dream is the life   I've been searching for.

Em   D   Am
Started believing that I was the greatest,
                       B
My life was never gonna be the same.

Em   D   Am
'Cause with the money came a different status,
                   B
That's when things changed.

Em   D   Am
Now I'm too concerned with all the things I own,
                 B
Blinded by all the pretty girls I see,

Em   D   Am   N.C.
I'm beginning to lose my integrity.

Chorus 3   As Chorus 1

Verse 2

Em   D   Am
I never used to be a troublemaker,
                 B
Now I don't even wanna please the fans.

Em   D
No autographs, no interviews,
  Am   B
No pictures, endless demands.

Em   D   Am
Gave into vices that were clearly wrong,
                 B
The types that seemed to make me feel so right,

Em   D   Am   B
But some things you may find can take over your life.

Em   D   Am
Burnt all my bridges now I've run out of places,
                 B
And there's nowhere left for me to turn.

Em   D   Am
Been caught in compromising situations,
        N.C.
I should have learned.

Em   D   Am
From all those times I didn't walk away,
                 B
When I knew that it was best to go,

Em   D   Am   N.C.
Is it too late to show you the shape of my heart?

Chorus 4   As Chorus 1

Middle

    C
Now I know,

D
I've made mistakes.

Am
Think I don't care,

      G
But you don't realise what this means to me.

Am
So let me have

  B7   **Em**
Just one more chance,

    Am   **D**
I'm not the man I used to be,

N.C.
Used to be.

Chorus 5

    Fm   **E♭**   **B♭m**
Sometimes in life you feel the fight is over,

C   **Fm**   **E♭**   **B♭m**
And it seems as though the writing's on the wall.

C   **Fm**   **E♭**
Superstar you finally made it,

     B♭m   **C**
But once your picture becomes tainted,

     Fm   **E♭**
It's what they call,

     B♭m   **C**
The rise and fall.

Chorus 6

    Fm   **E♭**   **B♭m**
Sometimes in life you feel the fight is over,

C   **Fm**   **E♭**   **B♭m**
And it seems as though the writing's on the wall.

C   **Fm**   **E♭**
Superstar you finally made it,

     B♭m   **C**
But once your picture becomes tainted,

     Fm   **E♭**
It's what they call,

     B♭m   **C**
The rise and fall.

Chorus 7   As Chorus 6

SOMETHIN' STUPID

WORDS & MUSIC BY C. CARSON PARKS

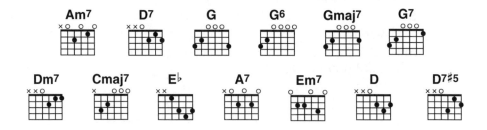

Intro | Am7 D7 | Am7 D7 | G | G |

Verse 1

   G   G6   Gmaj7   G6
I know I stand in line until you think you have the time

          Am7   D7 | Am7 D7 |
To spend an evening with me.

       Am7   D7   Am7   D7
And if we go someplace to dance I know that there's a chance,

         Gmaj7   G6 | Gmaj7   G6 |
You won't be leaving with me.

    G7   Dm7   G7
And afterwards we drop into a quiet little place,

      Cmaj7   Eb
And have a drink or two.

    Am7   D7   Am7   D7
And then I go and spoil it all by saying something stupid

     G   G6 | Gmaj7   G6 |
Like "I love you".

    G7   Dm7   G7
I can see it in your eyes that you despise the same old lies

          C | Cmaj7 |
You heard the night before.

    A7   Em7   A7
And though it's just a line to you for me it's true,

         D | D7#5 |
It never seemed so right before.

Verse 2

G   G6   Gmaj7   G
I practice every day to find some clever lines to say
         Am7   D7 | Am7 D7 |
To make the meaning come true.
    Am7   D7   Am7   D7
But then I think I'll wait until the evening gets late
       Gmaj7   G6 | Gmaj7   G6 |
And I'm alone with you.
    G7   Dm7   G7
The time is right your perfume fills my head the stars get red
       Cmaj7   Eb
And oh the night's so blue.
   Am7   D7   Am7   D7
And then I go and spoil it all, by saying something stupid
      G   G6 | Gmaj7   G6 |
Like "I love you".

Instrumental | G   G6 | Gmaj7 G6 | Am7   D7 | Am7   D7 |

                   | Am7   D7 | Am7   D7 | G   G6 | Gmaj7 G6 |

Verse 3

    G7   Dm7   G7
The time is right your perfume fills my head the stars get red
       Cmaj7   Eb
And oh the night's so blue.
   Am7   D7   Am7   D7
And then I go and spoil it all, by saying something stupid
      G   G6 | Gmaj7   G6 |
Like "I love you".

Outro

    G   G6 | Eb |
I love you,
    G   G6 | Eb |
I love you.

Repeat outro to fade

SOUND OF THE UNDERGROUND

WORDS & MUSIC BY MIRANDA COOPER, NIARA SCARLETT & BRIAN HIGGINS

E♭5 E♭m B♭ B F♯ A♭m B♭m

Intro | E♭5 | E♭5 | E♭5 | E♭5 ‖

Verse 1
E♭5
Disco dancing with the lights down low,

Beats are pumping on my stereo.

Neighbours banging on the bathroom wall,

He's saying "Crank the bass,

I gotta get some more."

Bridge 1
E♭m
  Water's running in the wrong direction,
B♭
  Got a feeling it's a mixed up sign.
E♭m
  I can see it in my own reflection,
B♭   E♭m
  Something funny's going on inside my mind.

Don't know what is pushing me higher,
B♭
  It's the static from the floor below.
E♭m
  And then it drops, and catches like fire,
B♭
  It's a sound I,

It's a sound I (know).

Chorus 1

E♭m
It's the sound of the underground,

B
The beat of the drum goes round and round.

E♭m
Into the overflow,

Where the girls get down to the sound of the radio.

Out to the 'lectric night,

B
Where the bassline jumps in the backstreet lights.

E♭m
The beat goes around and round,

It's the sound of the under,

F♯   **(E♭5)**
Sound of the under - ground.

Interlude 1 | **E♭5** | **E♭5** | **E♭5** | **E♭5** ‖

Verse 3

E♭5
Chain reaction running through my veins,

Pumps the bassline up into my brain.

Screws my mind until I lose control,

And when the building rocks I know it's got my soul.

Bridge 2   As Bridge 1

Chorus 2   As Chorus 1

Interlude 2 ‖: **E♭5** | **E♭5** | **E♭5** | **E♭5** :‖

Middle
A♭m
    I don't know what is pushing me higher,
B♭m
    It's the static from the floor below.
B
    And then it drops and catches like fire,
B♭
    It's a sound I, it's a sound I,

                 E♭m
It's a sound I, it's a sound I know.

Chorus 3   It's the sound of the underground,
     B
The beat of the drum goes round and round,
E♭m
Into the overflow,

Where the girls get down to the sound of the radio.

Out to the 'lectric night,
      B
Where the bassline jumps in the backstreet lights.
     E♭m
The beat goes around and round,

It's the sound of the under,
F♯
Sound of the under(ground)
E♭m
Bassline jumps in the back street light,
      B
It's the sound of the under,

Sound of the underground.
     E♭m
The bassline jumps in the backstreet light,

It's the sound of the under,
F♯   E♭m
Sound of the under - ground.

STRONGER

WORDS & MUSIC BY JONY LIPSEY, MARIUS DE VRIES, FELIX HOWARD, KEISHA BUCHANAN, MUTYA BUENA, HEIDI RANGE

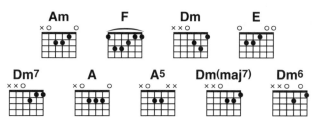

Intro | Am | Am |

Verse 1

    F

      I'll make it through the rainy days,

           Am

I'll be the one who stands here longer than the rest.

        F

When my landscape changes, rearranges,

I'll be stronger than I've ever been,

Am

   No more stillness, more sunlight,

Everything's gonna be alright.

Bridge 1

Dm   F

   I know that there's gonna be a change,

    E

Better find your way out of your fear,

If you wanna come with me,

Then that's the way it's gotta be.

	F	Dm7

Chorus 1

F   Dm7
I'm all alone,   and finally,

           A
I'm getting stronger.

               F
You'll come to see,

               Dm
Just what I can be,

          A | A |
I'm getting stronger.

Interlude | A5 | A5 |

Verse 2

F
    Sometimes I feel so down and out,

          Am
Like emotion that's been captured in a maze.

         F
I had my up's and down's,

Trials and tribulations,

I overcome it day by day,
Am
   Feeling good and almost powerful,

A new me, that's what I'm looking for.

Bridge 2   As Bridge 1

Chorus 2   As Chorus 1

Middle

Dm   **Dm(maj7)**
   I didn't know what I had to do,

                  Dm7
I just knew I was alone,

                                  Dm6
People around me, but they didn't care,

                 Dm
So I searched into my soul.

                              Dm(maj7)
I'm not the type of girl that will let them see her cry,

Dm7
   It's not my style, I get by,

E
   See I'm gonna do this for me.

Chorus 3   As Chorus 1

Chorus 4   As Chorus 1

Outro | **A** | **A** | **A** | **A**   ‖

STOLE

WORDS & MUSIC BY DANE DEVILLER, SEAN HOSEIN & STEVE KIPNER

Cmaj9   Asus2   Gm   Dm7   Cm7   B♭   A♭   G

Intro

| Cmaj9 | Asus2 | Cmaj9 | Asus2 ‖

Verse 1

                  Cmaj9
He was always such a nice boy,

                      Asus2
The quiet one with good in - tentions.

He was down with his brother,

     Cmaj9
Re - spectful to his mother,

A good boy,

     Asus2
But good don't get attention.

              Cmaj9
One kid with the promise,

The brightest kid in school,

       Asus2
He's not a fool.

                    Cmaj9
Reading books about science and smart stuff,

It's not enough no,

     Asus2
'Cause smart don't make you cool.

Bridge 1

Cmaj⁹   **Asus²**
    He's not invisible anymore,

                              Cmaj⁹
With his father's nine and a broken fuse.

                           Asus²
Since he walked through that classroom door,

He's all over prime time news.

Chorus 1

Gm   **Dm⁷**   **Cm⁷**
Mary's got the same size hands as Marilyn Monroe,

        Gm   **Dm⁷**
She put her fingers in the imprints,

        Cm⁷
At Mann's Chinese Theatre Show.

      Gm   **Dm⁷**
She could have been a movie star,

        Cm⁷
Never got the chance to go that far,

       B♭   **A♭**
Her life was stole, oh oh,

           G
Now we'll never know.

Interlude

| **Cmaj⁹** | **Asus²** |

Verse 2

                  Cmaj⁹
They were crying to the camera,

                        Asus²
Said he never fitted in, he wasn't welcome.

                        Cmaj⁹
He showed up to the parties we was hanging in,

                              Asus²
Some guys were putting him down, bullin' him 'round.

                 Cmaj⁹
Now I wish I would have talked to him,

                 Asus²
Gave him the time of day, not turn away.

                        Cmaj⁹
If I would've then it wouldn't of maybe go this far,

He'd might'a stayed at home,

        Asus²
Playing angry chords on his guitar.

Bridge 2

Cmaj9   Asus2

He's not invisible anymore,

                                 Cmaj9

With his baggy pants and his legs in chains.

                          Asus2

Since he walked through that classroom door,

Everybody knows his name.

Chorus 2   As Chorus 1

Chorus 3

Gm   Dm7   Cm7

Greg was always getting net from twenty feet away,

         Gm   Dm7

He had a tryout with the Sixahs,

         Cm7

Couldn't wait for Saturday.

          Gm   Dm7

Now we're never gonna see him slam,

         Cm7

Flyin' high as Kobe can,

           Bb   Ab

His life was stole, oh, oh,

                  G

Now we'll never know.

Middle   ‖: Bb   Ab | G   :‖ *Play 3 times*

with lyrics ad lib.

Chorus 4   As Chorus 1

Chorus 5   As Chorus 3

Outro

Cmaj⁹   **Asus²**
Oh no, no, no.

Yeah their lives were stole,
Cmaj⁹   **Asus²**
Now we'll never know.

    Cmaj⁹
We were here,

      Asus²
All together yesterday.

THE TIDE IS HIGH (GET THE FEELING)

WORDS & MUSIC BY JOHN HOLT, HOWARD BARRETT, TYRONE EVANS, BILL PADLEY & JEM GODFREY

C   F   G   Dm7   D   A

Intro | C | F   G | C | F   G |

Chorus 1
    C   F   G
The tide is high but I'm holding on,
   C   F   G
I'm gonna be your number one.
   C
I'm not the kind of girl
 F   G   C
Who gives up just like that,
     F   G
Oh, no.

Verse 1
    C
It's not the things you do,
              F   G
That tease and hurt me bad.
   C
But it's the way you do
             F   G
The things you do to me.
   C
I'm not the kind of girl
 F   G   C
Who gives up just like that,
     F   G
Oh, no.____

Chorus 2

    C   F   G
The tide is high but I'm holding on,

C   F   G
I'm gonna be your number one.

    C   F   G
The tide is high but I'm holding on,

C   F   G
I'm gonna be your number one,

Dm7 G Dm7 G
Number one, number one.

Verse 2

C   F   G
Every girl wants you to be her man,

C   F G
But I'll wait right here 'til it's my turn.

C
I'm not the kind of girl

F   G   C
Who gives up just like that,

   F G
Oh, no.___

Chorus 3

    C   F   G
The tide is high but I'm holding on,

C   F   G
I'm gonna be your number one.

    C   F   G
The tide is high but I'm holding on,

C   F   G
I'm gonna be your number one,

Dm7 G Dm7 G
Number one, number one.

Middle

D
 Every time that I get the feeling,

G   A
 You give me something to believe in,

D
 Every time that I got you near me,

G   A
 I know the way that I want it to be.

D
 But you know I'm gonna take my chance now,

G   A
 I'm gonna make it happen some how,

D
 And you know I can take the pressure,

G   A   N.C.
A moments pain for a lifetime's pleasure.

Verse 3

```
D                       G     A
Every girl wants you to be her man,
D                         G  A
But I'll wait right here 'til it's my turn.
D
I'm not the kind of girl
G          A        D
Who gives up just like that,
      G    A
Oh, no.
```

Chorus 4

```
       D               G      A
The tide is high but I'm holding on,
D              G     A
I'm gonna be your number one.
        D               G      A
The tide is high but I'm holding on,
D              G     A
I'm gonna be your number one.
```

Outro

```
D
   Every time that I get the feeling,
G                      A
   You give me something to believe in,
D
   Every time that I got you near me,
G                      A
   I know the way that I want it to be.
D
   But you know I'm gonna take my chance now,
G                   A
   I'm gonna make it happen some how,
D
   And you know I can take the pressure,
   G                   A
A moments pain for a lifetime's pleasure.
```

to fade

TONIGHT

WORDS & MUSIC BY STEVE MAC, WAYNE HECTOR & JÖRGEN ELOFSSON

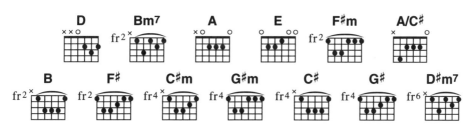

Capo first fret

Intro | D | Bm⁷ | A | E ‖

Verse 1

D
   Lady, I'm so tired,
Bm⁷   A
   If I took it all out on you,
        E
I never meant to.
D
   If I left you outside,
Bm⁷   A
   If you ever felt I ig - nored you,
        E
No, my life is all you.

Bridge 1

         D   F♯m E
So put your best dress on,
                D   F♯m   E
Wrap yourself in the arms of some - one,
                    Bm⁷ A/C♯ D
Who wants to give you all the love you   want.

Chorus 1

```
          A                        E
Tonight, I'm gonna make it up to you,
         Bm7                    E
Tonight, I'm gonna make love to you,
          A    E                        D          E
Tonight,   you're gonna know how much I missed you, baby.
          A                        E
Tonight, I'll dedicate my heart to you,
         Bm7                    E
Tonight, I'm gonna be a part of you,
          A    E                        D
Tonight,   you're gonna know how much I miss you,
            E    A
And I miss you so.
```

Verse 2

```
          D
    I don't wanna act like,
 Bm7                              A
    I know that you'll be mine for - ever,
                    E
Though I'll be for - ever.
          D
    Don't want you to feel like,
 Bm7
    I take you for granted,
            A              E
When - ever we are to - gether.
```

Bridge 2   As Bridge 1

Chorus 2

```
          A                        E
Tonight, I'm gonna make it up to you,
         Bm7                    E
Tonight, I'm gonna make love to you,
          A    E                        D          E
Tonight,   you're gonna know how much I missed you baby.
          A                        E
Tonight, I'll dedicate my heart to you,
          Bm7                    E
Tonight, I'm gonna be a part of you,
          A    E                        D
Tonight,   you're gonna know how much I miss you,
          E          (B)
I miss you so.
```

Guitar Solo | B | F♯ | C♯m | F♯ | B | F♯ | E | E ‖

Bridge 3

         E   G♯m F♯
So put your best dress on,

                        E
And wrap yourself in my arms,

G♯m F♯
My love.

Chorus 3

     C♯   G♯
Tonight, I'm gonna make it up to you,

      D♯m7   G♯
Tonight, I'm gonna make love to you,

     C♯   G♯   F♯   G♯
Tonight,   you're gonna know how much I miss you, baby.

     C♯   G♯
Tonight, I'll dedicate my heart to you,

      D♯m7   G♯
Tonight, I'm gonna be a part of you,

     C♯   G♯   F♯   G♯
Tonight,   you're gonna know how much I miss you, baby.

Chorus 4

     C♯   G♯
To - night, gonna make it up to you,

      D♯m7   C♯
To - night, gonna make love to you,

     C♯   G♯   F♯   G♯
Tonight,   you're gonna know how much I miss you, baby.

     C♯   G♯
Tonight, I'll dedicate my heart to you,

      D♯m7   G♯
Tonight, I'm gonna be a part of you,

     C♯   G♯   F♯
Tonight,   you're gonna know how much I miss you,

        G♯   C♯
And I miss you so.

U MAKE ME WANNA

WORDS & MUSIC JOHN McLAUGHLIN, STEVE ROBSON & HARRY WILKINS

Em   C   D   G   G/F#   Am   Am7/G   D/F#

Intro ‖: Em   C   │D   G   G/F# :‖

Verse 1

Em   C
  To start it off I know you know me,
D   G   G/F#
  To come to think of it, it was only last week,
   Em   C   D G G/F#
That I had a dream about us, oh.
Em   C
  That's why I'm here, I'm writing this song,
D   G   G/F#
  To tell the truth you know I've been hurting all along,
Em   C   D   G G/F#
  Some way let me know, you want me girl.

Bridge 1

          Em
Everytime you see me what do you see?
C   D   G
  I feel like I'm a poor man and you're the queen.
  G/F#   Em
Oh baby, you're the only thing that I really need,
C   D   G   G/F#
  Baby that's why,

Chorus 1

         Em   C
You make me wanna call you in the middle of the night,
    D   G   G/F#
You make me wanna hold you till the morning light.
   Em
You make me wanna love,
   C
You make me wanna fall,
   D   G   G/F#
You make me wanna surrender my soul.

cont.

  Em   C
I know this is a feeling that I just can't fight,

D   G G/F♯
You're the first and last thing on my mind.

  Em
You make me wanna love,

  C
You make me wanna fall,

  D   G   G/F♯
You make me wanna surrender my soul.

Verse 2

  Em   C
 Well I know that these feelings won't end and a

D   G G/F♯
 They get stronger if I see you again,

Em C D   G G/F♯
 Baby I'm tired of being friends.

  Em   C
Oh, I wanna know if you feel the same,

D   G G/F♯
 And could you tell me do you feel my pain?

Em C   D G G/F♯
 Don't leave me in doubt,_____ baby.

Bridge 2

      Em
Everytime you see me what do you see?

C   D   G
 I feel like I'm a poor man and you're the queen.

 G/F♯   Em
Oh baby, you're the only thing that I really need,

C   D G G/F♯
 Baby that's why.

Chorus 2

      Em   C
You make me wanna call you in the middle of the night,

  D   G   G/F♯
You make me wanna hold you till the morning light.

  Em
You make me wanna love,

  C
You make me wanna fall,

  D   G   G/F♯
You make me wanna surrender my soul.

  Em   C
I know this is a feeling that I just can't fight,

D   G G/F♯
You're the first and last thing on my mind.

cont.

Em
You make me wanna love,

   C
You make me wanna fall,

   D   G   G/F♯
You make me wanna surrender my soul.

Middle

                  Am   Am7/G
I'll take you home real quick,

      D/F♯
Sit you down on the couch,

G   G/F♯   Em
Pour some Dom Perignon and hit the lights out,

Am Am7/G D/F♯   G   G/F♯ | Em |
Baby we can make sweet love.

Am   Am7/G D/F♯
Then we'll take it nice 'n' slow,

   G   G/F♯   Em
I'm gonna touch you like you've never known before,

C   D
  We're gonna make love, oh.

Chorus 3   As Chorus 1

Chorus 4   As Chorus 1

Outro   ‖: Em   C | D   G G/F♯ :‖   *Repeat to fade*

WHENEVER, WHEREVER

WORDS BY SHAKIRA & GLORIA ESTEFAN
MUSIC BY SHAKIRA & TIM MITCHELL

Bm   Em   A   F#m   G   D

Capo second fret

Intro ‖: Bm | Bm | Em | A :‖

Verse 1

Bm
Lucky you were born that far away so
F#m
We could both make fun of distance.
G
Lucky that I love a foreign land for
D   **A**
The lucky fact of your existence.
Bm
Baby I would climb the Andes solely
F#m
To count the freckles on your body.
G
Never could imagine there were only
D   **A**
Ten million ways to love somebody.

Bridge 1

Em
Le, do, le, le, le, le,
Bm
Le, do, le, le, le, le.
G
Can't you see,
(A)
I'm at your feet.

Chorus 1

Bm   **G**
Whenever,   wherever,
D   **A**
We're meant to be together,
Bm   **G**
I'll be there and you'll be near,

cont.

Em   **A**
   And that's the deal my dear.

Bm   **G**
   There over,   here under,

D   **A**
   You'll never have to wonder,

Bm   **G**
We can always play by ear,

Em   **A**
   But that's the deal my dear.

Interlude 1 | **Bm** | **Bm** | **Em** | **A** |

   | **Bm** | **Bm** | **Em** | **A** | **N.C.** | **N.C.** |

Verse 2

Bm
Lucky that my lips not only mumble,

F♯m
   They spill kisses like a fountain.

G
Lucky that my breasts are small and humble,

D   **A**
So you don't confuse them   with mountains.

Bm
Lucky I have strong legs like my mother,

F♯m
   To run for cover when I needed.

G
And these two eyes that for no other,

D   **A**
   The day you leave will cry a river.

Bridge 2

Em
Le, do, le, le, le, le,

Bm
Le, do, le, le, le, le.

G
At your feet,

(A)
I'm at your feet.

Chorus 2   As Chorus 1

| *Interlude 2* | | Bm | | Bm | | Em | | A | | Bm | | Bm | | N.C. | | N.C. | |

Middle
Em
Le, do, le, le, le, le,

Bm
Le, do, le, le, le, le.

G
Think out loud,

A
Say it again.

Em
Le, do, le, le, le, le,

Bm
Tell me one more time,

G
That you'll live,

A | N.C. | N.C. |
Lost in my eyes.

Chorus 3
Bm   **G**
Whenever,   wherever,

D   **A**
    We're meant to be together,

Bm   **G**
I'll be there and you'll be near,

Em   **A**
    And that's the deal my dear.

Bm   **G**
    There-over,   here-under,

D   **A**
You've got me head over heels,

Bm   **G**
    There's nothing left to fear,

Em   **A**
    If you really feel the way I feel.

Chorus 4   As Chorus 3

Outro | Bm | | Bm | | Em | | Em | |

            | Bm | | Bm | | N.C. | | N.C. | ||

Relative Tuning

The guitar can be tuned with the aid of pitch pipes or dedicated electronic guitar tuners which are available through your local music dealer. If you do not have a tuning device, you can use relative tuning. Estimate the pitch of the 6th string as near as possible to E or at least a comfortable pitch (not too high, as you might break other strings in tuning up). Then, while checking the various positions on the diagram, place a finger from your left hand on the:

5th fret of the E or 6th string and **tune the open A** (or 5th string) to the note Ⓐ

5th fret of the A or 5th string and **tune the open D** (or 4th string) to the note Ⓓ

5th fret of the D or 4th string and **tune the open G** (or 3rd string) to the note Ⓖ

4th fret of the G or 3rd string and **tune the open B** (or 2nd string) to the note Ⓑ

5th fret of the B or 2nd string and **tune the open E** (or 1st string) to the note Ⓔ

E	A	D	G	B	E
or	or	or	or	or	or
6th	5th	4th	3rd	2nd	1st

Head

Nut

1st Fret

2nd Fret

3rd Fret

4th Fret

5th Fret

Reading Chord Boxes

Chord boxes are diagrams of the guitar neck viewed head upwards, face on as illustrated. The top horizontal line is the nut, unless a higher fret number is indicated, the others are the frets.

The vertical lines are the strings, starting from E (or 6th) on the left to E (or 1st) on the right.

The black dots indicate where to place your fingers.

Strings marked with an O are played open, not fretted. Strings marked with an X should not be played.

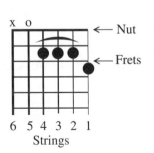

x o ← Nut
← Frets

6 5 4 3 2 1
Strings

The curved bracket indicates a 'barre' - hold down the strings under the bracket with your first finger, using your other fingers to fret the remaining notes.